Margot Weinand

AF220178

Wasser im Garten

Gedichte gereimt und ungereimt

Impressum
1.Auflage
Januar 2022
Alle Texte und Fotos Margot Weinand
Herstellung und Verlag:BoD Books on
Demand, Norderstedt
Printed in Germany,

9783755707684

Inhaltsverzeichnis

Vorwort

Diese Gedichte sind eine
Zusammenfassung erlebter Gedanken
und Begegnungen aus Vergangenheit
und Gegenwart. Auch über die Gedanken
der Zukunft zu verweilen macht mir
Freude, Gedanken darüber zu bündeln. Ich
schreibe gern aus Sichten die ich in Natur
sammeln kann, auch über Kleinigkeiten
genau sowie Nettigkeiten am Rande:
Mein Motto:

„Für alle Momente des
Lebens ein Gedicht"

In diesem Band lasse ich auf viel-fachem
Wunsch Gedichte von und
für Bewohner dieses Hauses einfließen.
Sie werden dies beides beim Lesen
erkennen. Ich wünsche Ihnen dass Sie
beim Lesen die gleiche
Freude haben, Wie ich sie beim Schreiben
und dichten hatte.
                    Ihre
                         Margot Weinand

Der erste Schritt

Beziehungen im Allgemeinen
nie problemlos uns erscheinen.
An Schwierigkeiten aller Art
keinem bleiben sie erspart
selbst zwischen den Kollegen
sich menschliche Gefühle regen.

Für das Wohl in diesen Kreisen
sich wenig förderlich erweisen.
Man will drum an Beziehung denken
und beschließt so nichts zu lenken.
Man will dann recht und fein,
es genießen schön allein zu sein.

Auch mit dem Ärger und Streit
wäre es für immer dann vorbei.
Wir sind zur Höflichkeit erzogen.
Von den Eltern und Pädagogen
wenn jemand mit irgendwem stritt
wer macht wohl den ersten Schritt?

Man blieb dabei

Wichtig hatte man uns gesteckt
ist das Kinder und Jugendgesetz
als die Wirklichkeit in Kraft
hat man uns viel Neues beigebracht.

Später hieß es Fachleistungsstunden
langsam kam man über die Runden
später kannte man das Wort Produkt.
Wir hatten das Wort nicht gewusst.

Leistungsbeschreibung wurde gelernt
es galt der Jugend, sie war es wert.
Die Jugendhilfe galt spannend zu sein.
Dort lebte man nahe am Puls der Zeit.

Die Zeit ist um, man will es verkünden.
Nachfolge fragt nach dessen befinden.
Man erklärte die Zeit sei bald vorbei.
Man wollte prompt Nachfolger sein.

Herbst zeigt sich farbenfroh

Die Blätter werden gelb und rot
bevor der starke Herbstwind tobt
vorbei an saftig grünen Wiesen
wo wunderschön die Blumen sprießen

Ernte Dank

Wir haben Volle Teller und volle Keller
leiden keine Not sichern so das Brot
der süße Wein ist rein ins Fass hinein
Ernte geborgen haben keine Sorgen.

Es sei heute Dank gebracht.
Der Sonne die es reif gemacht.
Liebe Sonne, liebe Erde,
Euer nie vergessen Werde
Kaum dass der Herbst Einzug hält,
verändert sich die Farbenwelt.

Wasser im Garten

Man schüttet Wasser in den Garten
die roten Rosen blühen auf.
Auf der Straße sperren die Kinder
dann ihre Augen großen auf.

Tauben naschen Süßes,
Mädchen werden schön.
Große Freude verbreitet der Föhn

Ein neuer Tag

Freue mich auf jeden neuen Tag
ER erfüllt Hoffnung, die ich mag.
denn das Neue, das ist wichtig.
Weil ich es erlebe ist es richtig.

Auch dass Menschen mit mir leben.
die das Vertrauen auch dann geben.
Gott ist da, auf den ich schaue.
ER weiß, dass ich IHM ganz vertraue.

Dieser Tag gilt der Ehrung

Dieser Tag ist der Erinnerung wert.
Es ist die Gemeinde die Dich ehrt.

Abschied vom Amt sind wir gelandet
Frau Bloch für Sie wird es gehandelt.

Wichtig bleiben Auftrag und Ziel,
auch für die Reisen, derer sind viel.

denke zurück an lange Jahre dahin
das Ganze gab für Sie einen Sinn.

Die Stunde heute sie ist der Beginn,
Kontakte wichtig sie bringen Gewinn.

Denk zurück, was Sir einst begonnen
gab Kraft und Freude mit der Sonne.

Nutze die Zeit, die Ihnen gegeben
Gott wird segnen was ER gegeben.

Ein Blatt aus sommerlichen Tagen

ich nahm es so beim Wandern mit
damit es einst mir würde sagen
wie die Nachtigall geschlagen
wie Grün der Wald den ich durchschritt

Dieses Gedicht hat mir eine Grüne Dame
unseres Hauses geschenkt.

Teilt den Frieden

Halter die Liebe und teilt den Frieden
das sind echte Geschenke.
Von Gottes Segen, der IHM gehört.
Geschenke leichter und guter Töne.

Verkannte Gefühle

Seine Liebe eine Lüge sie verkannte die
Gefühle...Er trug stets ihr Bild,
doch sein Herz blieb wild.

Vieles erreichen

Wollte von allem noch vieles erreichen
nicht so schnell die Segel streichen.
erwartet heute noch Sonnenstrahlen
die jedes Jahr den Tag bewahren

Wartet auf den Sommer

Wartet noch auf den Sommer
doch es ist kalt und schwül
dann aber zum Feierabend
wird es dann langsam kühl.
Wir warten auf die Sonne
die früh durch helle Wolken bricht
später dann mit den Strahlen
auch die Wärme schickt.

Wünsche Zeit könnt fliegen

Manches Mal möcht ich sie besiegen.
Vergangenheit wünsche sie gestürzt
Gegenwart sie sei aber gut gewürzt.
Auf neue Zeiten will ich mich freuen

Mein Herz es sucht

Die Luft ist mild und doch sie duftet
das Herz macht mit es nicht schuftet
ich bitte sehr das es leiser werde
auf der schönen weiten braunen Erde.

Dass ich zur Freude leisten kann,
Herz braucht Liebe, dann und wann.
Es gehört zu mir, will geliebt sein
alle Tage, echt und rein soll es sein

es gilt keine Tücke und keine Lücke
es gilt kein Berg und auch kein Zwerg
es gilt alles was sich hat gut bewährt
drum bleib dabei glaub himmelwärts.

Freue mich am Sommer

Freue mich an dem Sommer
der Bach plätschert und wirkt klar
die kleinen Wellen suchen
den Weg durch fern und nah.

Meine Kamelie auf dem Balkon

Zur Kamelie Pflanze auf dem Balkon
Sommeranfang eine Kugel im Karton
Die hat viele Sonnenstunden getankt
im Dunkeln habe ich dann erkannt
Sonne hat die Kugel bestrahlt
damit in der Nacht das Licht nicht kalt

Dazu das Rauschen am Teich nah
Nacht auf meinem Balkon wunderbar.
Dankbar habe ich überdacht
und auch Einiges festgemacht.
In dieser Stille bei klarer Luft
vom Park der herrliche Blütenduft.

Lob und Freude habe ich an Gott unsern
Vater. und weitergegeben
und Jesus der Herr unseres Lebens
mein Dank für dies alles was ich erlebe
die Weite erblicke das Wort im Leben und
Leben im Wort erkenne das eben.

Tag und Hitze

Sommer es wachsen Tag und Hitze
Von hohen Auen drängt uns die Glut.
Doch am Wasserfall der Felsenritze,
erquickt ein Trunk, ein Wort das Blut.

Donner rollt, schon kreuzen die Blitze.
Höhle wölbt sich auf zur sicheren Hut.
Es kracht knatternd und Schmettern.
Liebe lächelt bei Sturm und Wetter.

Am Strand

Wogendes glänzendes Dünengras
kreischende Möwen laut in der Luft.
In solcher Betrachtung bist Du mir nah.
spüre das Dein Wort mich meint ruft

Es kommt manchmal so

Zwischen Freundschaft und auch Ehe
man ein Missverständnis sehe,
dann bleibt uns Ärger nicht erspart
und es kommen Sorgen aller Art.

Wo ist der Tag

Dies ist der Tag, wo jeder Tag.
Am Schönsten möchte sein.
egal wie es dann kommen mag.
möchte überfluten dann den Reiz

Wie freue ich mich an der Morgensonne,
die zaghaft die Dämmerung bricht.
Kein anderer als allein die Sonne
dem Himmel schenkt das klare Licht.

Verabschiedung

Dieser Tag ist der Erinnerung wert.
Es ist der Verein, der Dich heute Ehr
Abschied vom Amt sind wir gelandet.
Für Dich Ulla ist die Stunde gehandelt.

Vertrauen und Hoffnung sind Zweige,
die im Dienst sich immer beweisen.
Nie in der Welt wenn Liebe geschah,
war umsonst, denn Frucht sie ist dar.

Treuer Dienst

Jetzt ist das Ende des Dienstes
und das tut Dir gut

Hast es sicher auch oft schon erlebt
wie bei Ebbe und Flut

denke zurück an all die Jahre, die hin.
Du durftest erkennen es hatte Sinn..

Vergesse die Ohnmacht

Hole jetzt Blumen aus dem Garten
der Spaziergang muss oft warten-
Ein Grund die Natur ins Haus zu holen,
eine bauchige braune Ton Vase.

Fülle sie mit Blumen der richtigen Zeit.
Gladiolen blühen der Zeit rot und weiß
aus spitzen Blättern genieße sacht
und vergesse die Ohnmacht.

Vielfältig bunt

Überraschend bunt wie die Jahreszeit,
schenkt die Natur, die immer bereit.
Mit durch Tage und Wochen zu gehen.
Wir bleiben vor Verwunderung stehen

Wie schön ist das alles für uns bereit
Eine große Sache in großer Zeit.
Wir wollen mit offenen Augen nutzen
für unsere Freunde ihnen zum Schutze
.

Zu neuen Zielen

Möchte gerne etwas bewegen
streben hin zu neuen Zielen
will sein und bleiben wie ich bin
und auch erreichen das neue Ziel.

Lebensfreude

Du gibst meinem Leben Freude
ohne sie finde ich keine Kraft.
Du aber bist meines Herzens Erfüllung
sodass mein Herz es dann schafft.
Weil es für Dich schlagt erleb ich Kraft.

Fleißige Anke

Anke stets freundlich keine Frage.
Arbeitet in der Küche zu allen Tagen.
Wenn es um Aufgabenverteilung geht
und kein andrer zur Verfügung steht.
Wenn etwas in der Küche von Nöten,
Springt Anke und wirkt wie ne Geölte

Sie räumt ab, was schmutzig und leer,
auch zweimal oder auch mehr.
Nach Feierabend liebt sie Basteleien.
Aus Holz bekannte Modelle weit breit.
Modell Autos offen und weltbekannt.
Baut Anke alles mit ruhiger Hand.

Es freut uns, dass Anke tüchtig wirkt
und dabei niemals flüchtig wird.
Außerdem hat sie einen tollen Vogel
spricht deutlich und immer nobel.
Anke ist Mitarbeiterin der Hauswirtschaft.
Sie ist fleißig und humorvoll.

Osterspiergang eines Buchhalters

Jetzt ist die wahre Zeit erreicht.
Bilanzen werden aufgezeigt
am Jahresschluss ist ideal
Gewinn Verlust und Kapital
Buchungen im Soll und Haben
die Ergebnisse erfragen

Wo die Aktiven ohne Rast
werden den Passiven zur Last
Differenzen werden Frust bereiten
man verliert dadurch wertvolle Zeiten
Unstimmigkeiten sind nicht geplant
er macht sich Sorgfalt dann bezahlt.

Lebenssinn

Fand in meinem Alltag das Leben
es ist schwer zu verstehen aber wahr.
Sinn ist wo glücklich Du in allem bist.

Liebe verlassen

Hatte vergessen wie langsam
die Zeit vergeht.
wenn die Liebe mich verlassen.
Jetzt aber weiß ich, wie es um
die Zeit steht
denn die Liebe hat mich gefunden.

Beim Kaffeeklatsch

Beim Kaffee und Essen am Büdchen
Beim Erzählen, Backen von Stütchen
Freude beim Singen und Spielen neu.
Sie schaffen ein Kanon ohne Scheu.

Selbst bei Gymnastik der Wunderball
der die Muskeln stärkt dann jedes Mal.
Allen, die Dienste leisten Hintergrund.
Danke Allen zusammen es bleibt rund.

Corona Zeit

Kleiner Virus noch nicht lang bekannt
breitet sich aus von Land zu Land.
Zunächst langsam, doch dann schnell.
Schneller als man denkt über die Welt.

Man habe den richtigen Impfstoff nicht.
Vieles fehlt vor allem die richtige Sicht.
Möglichkeiten der Politik sind begrenzt
Für wahre echte Hilfe fehl Kompetenz.

Frühlingsbote

Weiße Knospen zart das helle grün
zeigt an den Bäumen dass der
Frühling kommt und grüßt.
Dankbar sein, wenn der Kreis klein. führt
aus der Spur der Glaube zeigt.

Manch wertvolle Zeiten

Die guten Zeiten vorüber seit Jahren
gebt acht auf wirklich gute und wahren.
Dankt für das was man Euch schenkt.
Weil man eben an Glück gerne denkt,
Glück ist gar nicht mal so selten-
Glück wird oft und überall beschert.

Vieles kann als Glück auch gelten.
Was das Leben uns so lehrt.
Glück sind oft stille Stunden
und dann wieder frohe Runden
Glück schenkt uns oft ein gutes Buch
dann auch wieder ein Besuch.

Wenn du hast das Glück gefunden
Danke und halte fest was dir gelungen.

Kraft des Stärkeren

Herbstwind zieht sacht und leicht
dem Baum das Kleid vom kahlen Leib.

Erlebnis in der Pflege

Vor Zeiten war es noch bequem
als Heinzelmännchen angenehm.
Arbeit die abends lag noch brach
das Heinzelmännchen erledigt hat.
Heinzelmännchen gibt's nicht mehr
jetzt muss eine Nachtschwester her.

Es ist ein Engel anders wüst ich´s nicht
Immer ein Lächeln und immer im Licht.
In jeder Nacht hat sie es gezeigt.
Dienst am Menschen ist nicht leicht.
Sie hat alle Kissen zurechtgelegt
habe gefragt, ob sie alle so pflegt?

ja das brauchen alle bei Nacht,
hab das nicht nur bei Ihnen gemacht
ich habe mich gewundert und gestaunt
so etwas hat man, niemand baut auf
mitten im Leben mitten im Herzen drin
das ist Nächstenliebe im eigenen Sinn.

Bunte Reimkette

Freude auf unser Leben,
bei Nebel und bei Licht.
Was uns die Welt kann geben
bis das sie uns zeigt das Leben.
Wenn der Sommer fast dahin
Die Ernte in der Scheune drin.

Wenn sich die Blätter färben
Pilze schon im Wald verderben
Nebel fest an Farben hindern
und sich Wärmegrade mindern
wenn die Kartoffelfeuer riechen
die Igel sich im Laub verkriechen.

Wenn Drachen in den Himmel steigen
die Tage sich noch schneller neigen
wenn Vögel vor der Kälte fliehen
und eilig gegen Süden ziehen.
Wenn Sie sodann in großen Scharen
dorthin ziehen wo sie immer waren.

Team-Erfahrungen

Kurzzeitpflege zeigt schon das Wort
Man darf nur kurz verweilen am Ort.
Vielleicht kürzer aber öfters,
wenn man das möchte.
Nur das Recht ist vorgegeben
fürs Alter Krankenstand und Pflege.

Bin bereits zehn Wochen hier.
Habe studiert im ganzen Revier.
Dienste der einzelnen Schwestern,
gutes Team weil keines von gestern
die Pflege hat jeder gern übernommen
langes Läuten ist kaum gekommen.

Malzeiten wurde pünktlich serviert.
egal Hauptsache platziert
Mittagsruhe wurde stets eingehalten
es galt Ruhestunden zu verwalten
Zeitungs- Spiel und Gesprächsrunden
sind im Angebot oft in den Runden.

Wildkirschbaum

Diese Darstellung macht kund
um diesen Wildkirschbaum rund
viermal zeigt er seine Blütenzeit
wechselt dies zu jeder Jahreszeit.
Ich sitze gern auf dieser Bank
manchmal kurz und manchmal lang

Beobachte Vogelarten und Kriechtiere
die als Heimat diesen Park lieben.
Mit der Gewohnheit bin ich nicht allein
viele Bewohner des Hauses sind dabei
Sobald die Jahreszeit wir hoffen
Für Mensch und Tier der Park ist offen.

Kraft

Gottes Kraft in meine Schwäche
fühl mich ohne Kraft ich dächte
ich geh hin zur Quelle des Lebens
Gott wird selbst die Kraft mir geben.

Eichhörnchen im Park

Beim Mittagstisch vom Speisesaal aus
beobachte Tiere es kommt Freude auf
Wiese ist überall mit Schnee bedeckt
zum Schauen ein spannender Zweck
Es sind feine und schlanke Tiere
sie zeigen hier ihre tollen Manieren

Neuerdings ist ein schwarzes dabei
rennen und Wetten den Schnee frei.
Merken den Tieren die Freude an
rauf und runter und wieder dann ran
manchmal fliegen auch Vögel nieder
fliegen weg und kommen auch wieder

Mitunter kann es sogar passieren
dass sie beim Regnen Lust verlieren.
Doch weiter wollt Ihr Freude bringen
muss gewollt sein, lässt sich zwingen.

Des Waldes Mitte

In jeder Waldes Mitte
wo einsam eine Bank frei steht

auf der wir gern zur Pause
ehe auf dem Weg nach Hause

hören sitzend jene Flausen
der anderen Leute gerne zu.

Bitte zur Hilfsmaßnahme

Mein Wunsch gilt für nächstes Mal
dass ich mit dir rechnen darf
bündle Gedanken zu einem Gedicht.
Ich weiß es hat für Dich auch Gewicht,

Jahreszeiten

Die Saat kommt in vorbereitete Erde
damit aus ihr etwas Gutes werde.
Niemals in der Erde bleibt
was im Frühjahr sich dann zeigt.
Der Bauer der sich freut ist bereit

Lebensführung

Früher ging alles leichter von der Hand
heute hat man Mut man schaffts galant
Ihr erlebt die Zeit wo es deutlich wird,
„Ich brauche Ruhe" und das wirkt.
Die Gespräche sie nahmen kein Ende.
Ihr hattet die Meinung, das wars eben.

Das Leben mit Gott ist ganz wichtig
ein Wort von IHM ist immer richtig
Ihr schafft es zum eifrigen Gelingen
in kleinen und auch großen Dingen.
An Kindern konntet Ihr weitergeben,
was gut für Kinder auf ihren Wegen.

Dritte Generation gewirkt in Freude, wollte
keine Zeit vergeuden
jeder wird in der Familie behaupten
dass man bei Opa den Rat kaufte
In froher Gemeinschaft werden
Enkel den Opa loben und ehren.

.

Geburtstagfeiertag

Quartalsgeburtstag, viele sind dabei
feiern zusammen so ist keiner allein
Dank gebührt jedem,
denn zu guter Letzt, hat Gott ihr Leben
reichlich geprägt und hat die Summe der
Jahre nicht immer gezählt.

Jedes Glied für die Gemeinde wichtig
klein an der Zahl, suchen was richtig.
wir wissen, sie werden mitgetragen.
Auch wenn offen manche Fragen.
Gemeinde besteht viele Jahrzehnt
das wurde in alten Büchern erwähnt

Friede und Freude wir uns schenken
für einander freiheitlich denken
dabei erdverbunden bleiben,
hin und wieder die Meinung teilen.
Feste auch ohne uns gestalten
ziemt nicht lange für uns Alten.

Wenn es denn mal so ist

Erfahrung mit dem ersten Schritt
man denke nach und beim Sinnen
wer hat Erfahrung und Ahnung,
und durchdachte Langzeitplanung

wer ist jetzt der Klügere und Reife
der zuerst die Hand dann reiche

Ein kluges Wort mit zartem Lächeln
kann in guter Lage ganzen retten.
denn mir vergeben und verzeihen.
so muss der wahre Friede sein.

Jahresknospen

Fest verschlossen diese Knospe
drängt zum Licht die Schale bricht.
Zeigt voller Pracht gleich die Blüte
erfreuen uns der großen Güte
Ist der Sommer dann vorbei
Dem Herbst ist das einerlei.

Blätter vom Wind dann weggefegt
trostloser kahler Baum einsam steht.
An dem sich neue Knospen bilden
den Grund, denke nach und finde

Trennung angesagt

Wir fühlten uns auf Wolke sieben.
Wo ist nur die schöne Zeit geblieben.
Kinder wurden uns geschenkt
die unser Leben oft gelenkt

weniger Blicke und mehr schweigen,
dies aber konnte für uns nicht bleiben.
Langsam schlich es ein
konnte keine Liebe sein

Unsere Liebe glich einem Kampf
sie blieb unecht und somit Krampf
Trennung musste sein
jetzt glücklich aber allein.

Jetzt lebt jeder glücklich und Frei
nicht verkrampf sondern entspannt

Bisher erschienen

Gedichtbände:
2009 Gelebter Glaube
2010 höre den Frühling
2011 Zeitwert
2019 Unser Sommer
2020 wünsche mir Zeit
2021 Berge verhüllt
2021 Lebensspuren
2021 hundert grüne Arme
2021 Erde das Richtige

Kurzbiographie
2009 eine Heimleiterin erzählt
       „Von Fall zu Fall"
2018 Meine Autobiographie
       Stöbern im Schatz meiner
       Erinnerungen"

Vita

1933 in Essen geboren

1939 Einschulung in Essen

1947 soziales Pflichtjahr

1948 Lehre Kaisers Kaffee

1951 Abschluss
Kaufmannsgehilfenbrief
Weiterbildung Handelsschule
Stenographie & Schreibmaschine

1958 Selbständigkeit Einzelhandel
Schreibwaren & Schulbedarf

1965 Heirat

1970 Berufsbegleitende Weiterbildung

1973 Abschluss Gruppenerzieherin

1973 Berufung in die Jugendhilfe
Nach interner Weiterbildung

1986 Berufung als Heimleiterin

1999 Ruhestand
Seit dieser Zeit schreibe ich

2003 Mitglied im Autorenkreis
Neukirchen -Vluyn

2012 Witwe
Meine zwei Kinder sind verheiratet.
habe drei Enkelkinder.

Seit 2019 wohne ich im Matthias
Jorissenhaus Neukirchen-Vluyn